projeto

ápis

EDUCAÇÃO INFANTIL

NATUREZA E SOCIEDADE

1

editora ática

LUIZ ROBERTO DANTE

- LIVRE-DOCENTE EM EDUCAÇÃO MATEMÁTICA PELA UNESP – RIO CLARO
- DOUTOR EM PSICOLOGIA DA EDUCAÇÃO: ENSINO DA MATEMÁTICA PELA PUC – SÃO PAULO
- MESTRE EM MATEMÁTICA PELA USP
- LICENCIADO EM MATEMÁTICA PELA UNESP – RIO CLARO
- PESQUISADOR EM ENSINO E APRENDIZAGEM DA MATEMÁTICA PELA UNESP – RIO CLARO
- EX-PROFESSOR DO ENSINO FUNDAMENTAL E DO ENSINO MÉDIO NA REDE PÚBLICA
- AUTOR DE LIVROS PARA A EDUCAÇÃO BÁSICA

NOEMI BIANCHINI

- DOUTORA EM SOCIOLOGIA DA EDUCAÇÃO PELO PROGRAMA EDUCAÇÃO, HISTÓRIA, POLÍTICA E SOCIEDADE DA PUC – SÃO PAULO
- MESTRA EM EDUCAÇÃO ESCOLAR PELA UNESP – ARARAQUARA
- PÓS-GRADUADA EM TEORIA E CRÍTICA LITERÁRIA PELA UNESP – ARARAQUARA
- LICENCIADA EM LETRAS E PEDAGOGIA PELA FFCLA – FACULDADE DE FILOSOFIA, CIÊNCIAS E LETRAS DE ARARAS
- EXPERIÊNCIA COMO SUPERVISORA E COORDENADORA DE CONTEÚDOS PARA CURSOS DE FORMAÇÃO DE PROFESSORES
- EX-PROFESSORA DOS CURSOS DE GRADUAÇÃO E PÓS-GRADUAÇÃO NAS ÁREAS DE CURRÍCULO, LEGISLAÇÃO, GESTÃO E ALFABETIZAÇÃO
- EX-PROFESSORA DO ENSINO FUNDAMENTAL E DO ENSINO MÉDIO NAS REDES PÚBLICA E PRIVADA

editora ática

Diretoria editorial
Lidiane Vivaldini Olo
Gerência editorial
Luiz Tonolli
Editoria de Anos Iniciais
Tatiany Telles Renó
Edição
Angela Adriana de Souza
Gerência de produção editorial
Ricardo de Gan Braga
Arte
Andréa Dellamagna (coord. de criação),
Priscila Zenari (progr. visual de capa e miolo),
André Gomes Vitale (coord.) e
Christine Getschko (edição)
Revisão
Hélia de Jesus Gonsaga (ger.),
Rosângela Muricy (coord.), Heloísa Schiavo,
Luís Maurício Boa Nova, Paula Teixeira
e Vanessa de Paula Santos, Brenda Morais
e Gabriela Miragaia (estagiárias)
Iconografia
Sílvio Kligin (superv.), Denise Durand Kremer (coord.),
Ellen Finta (pesquisa), Cesar Wolf
e Fernanda Crevin (tratamento de imagem)
Ilustrações
Maurenilson Freire (capa), Biry Sarkis (miolo)

Direitos desta edição cedidos à Editora Ática S.A.
Avenida das Nações Unidas, 7221, 3º andar, Setor A
Pinheiros – São Paulo – SP – CEP 05425-902
Tel.: 4003-3061
www.atica.com.br/editora@atica.com.br

Dados Internacionais de Catalogação na Publicação (CIP)
(Câmara Brasileira do Livro, SP, Brasil)

Dante, Luiz Roberto
Projeto Ápis : educação infantil : natureza e sociedade / Luiz Roberto Dante, Noemi Bianchini. – 1. ed. – São Paulo : Ática, 2016.

Obra em 3 v.

1. Natureza (Educação infantil) 2. Sociedade (Educação Infantil) I. Bianchini, Noemi. II. Título.

15-11254 CDD-372.21

Índices para catálogo sistemático:
1. Natureza e sociedade : Educação infantil 372.21

2016
978 85 08 17797 4 (AL)
978 85 08 17789 9 (PR)
Cód. da obra CL 738863
CAE 565 847 (AL) / 565 848 (PR)
1ª edição
1ª impressão

Impressão e acabamento
Brasilform Editora e Ind. Gráfica

O PROJETO ÁPIS EDUCAÇÃO INFANTIL CHEGA ATÉ VOCÊ TRAZENDO MUITO APRENDIZADO!

COM UMA LINGUAGEM SIMPLES E ATRAENTE, OS CONTEÚDOS ACOMPANHAM A EVOLUÇÃO DAS CRIANÇAS.

COMPARTILHE, APRENDA E DIVIRTA-SE!

DANTE E NOEMI

CONHEÇA SEU LIVRO

ESTA É A **TURMA DO GUI** QUE ACOMPANHARÁ VOCÊ DURANTE TODO O ANO.

GUI **RAFAEL** **CLARA** **BIA** **IVO**

MATERIAL DE APOIO SEMPRE QUE VOCÊ ENCONTRAR ESTE ÍCONE SIGNIFICA QUE **HÁ PEÇAS E FIGURAS A SEREM DESTACADAS NO FINAL** DO LIVRO.

SUGESTÃO DE... O BOXE **SUGESTÃO DE...** APRESENTA MATERIAIS EXTRAS QUE COMPLEMENTAM OS TEMAS TRABALHADOS EM SALA DE AULA, AMPLIANDO O APRENDIZADO!

ESTAS SÃO AS SEÇÕES DO SEU LIVRO:

AS **ABERTURAS DE UNIDADE** INTRODUZEM O TEMA.

A **HORA DA CURIOSIDADE** TRAZ ATIVIDADES PARA AMPLIAR CONHECIMENTOS A RESPEITO DO LUGAR ONDE SE VIVE.

A **HORA DO JOGO** RETOMA OS CONCEITOS TRABALHADOS COM ATIVIDADES LÚDICAS E JOGOS E TORNA O APRENDIZADO MUITO MAIS DIVERTIDO!

SUMÁRIO

UNIDADE 1
QUANTO TEMPO O TEMPO TEM!
7

UNIDADE 2
TEMPO EM FAMÍLIA
31

SUMÁRIO

UNIDADE 1

QUANTO TEMPO O TEMPO TEM!

TURMA DO GUI

GUI TEM VÁRIOS AMIGOS NA ESCOLA: BIA, RAFAEL, CLARA E IVO.
ELES ESTÃO SEMPRE JUNTOS.

* VOCÊ TAMBÉM TEM AMIGOS NA ESCOLA? E FORA DA ESCOLA?

QUE PRESENTE LEGAL!

GUI GANHOU DE SEUS AVÓS UM PRESENTE MUITO DIFERENTE.

* VOCÊ JÁ VIU ALGO PARECIDO? SABE PARA QUE SERVE?

* TENTE REPETIR O TRAVA-LÍNGUA A SEGUIR BEM RÁPIDO!

O TEMPO PERGUNTOU PRO TEMPO
QUANTO TEMPO O TEMPO TEM.
O TEMPO RESPONDEU PRO TEMPO
QUE O TEMPO TEM TANTO TEMPO
QUANTO TEMPO O TEMPO TEM.

TRAVA-LÍNGUA POPULAR.

RELÓGIOS

VEJA QUANTOS RELÓGIOS DIFERENTES!

* CONTORNE OS RELÓGIOS QUE VOCÊ CONHECE.

ALEKSANDR KURGANOV/SHUTTERSTOCK/GLOW IMAGES

HERMESMEREGHETTISTUDIO/ALAMY/GLOW IMAGES

TOSSAPORN SAKKABANCHORN/SHUTTERSTOCK/GLOW IMAGES

KASTIANZ/SHUTTERSTOCK/GLOW IMAGES

VILAX/SHUTTERSTOCK/GLOW IMAGES

DJA65/SHUTTERSTOCK/GLOW IMAGES

* ACOMPANHE A LEITURA DO POEMA FEITA PELO PROFESSOR.

TEMPO DOS PONTEIROS

UMA MENINA COLECIONA RELÓGIOS.
DE PAPEL, DE PLÁSTICO, DE LOUÇA, DE BRONZE, DE MADEIRA.
RELÓGIOS DE ANTES E DE AGORA.
RELÓGIOS GRANDES E PEQUENOS.
RELÓGIOS DE BRINCAR E DE USAR.
DE PULSO, DE BOLSO, DE MESA, DE PAREDE.
ELA GOSTA TAMBÉM DE RECORTAR RELÓGIOS DE REVISTAS.

POEMAS DO TEMPO, DE NINFA PARREIRAS. PAULINAS, 2009.

ESTE É O MEU RELÓGIO!

* VAMOS DESENHAR UM RELÓGIO?

PASSA, TEMPO, TIC-TAC
TIC-TAC, PASSA, HORA.

O RELÓGIO, DE VINÍCIUS DE MORAIS.
COMPANHIA DAS LETRINHAS.

QUE HORAS SÃO, SEU LOBO?

1. UM ALUNO É ESCOLHIDO PARA SER O “LOBO”. ELE DEVE FICAR DE COSTAS PARA OS OUTROS PARTICIPANTES.
2. OS DEMAIS ALUNOS FICAM DISTANTES DO “LOBO” E DEVEM PERGUNTAR A ELE: “QUE HORAS SÃO?”.
3. QUANDO O “LOBO” DISSER AS HORAS, OS ALUNOS DÃO O MESMO NÚMERO DE PASSOS EM DIREÇÃO AO “LOBO” (5 PASSOS PARA 5 HORAS, 2 PASSOS PARA 2 HORAS, E ASSIM POR DIANTE).
4. EM SEGUIDA, PERGUNTAM: “ESTÁ PRONTO, SEU LOBO?”. O “LOBO” RESPONDE: “ESTOU TOMANDO BANHO”, OU “ESTOU ALMOÇANDO”, OU “ESTOU DESCANSANDO”, ETC.
5. QUANDO O GRUPO DE ALUNOS ESTIVER BEM PERTO DO “LOBO”, A RESPOSTA SERÁ: “HORA DO JANTAR”; AÍ O LOBO TENTA PEGAR UM DOS JOGADORES E TODOS DEVEM FUGIR.
6. O JOGADOR QUE FOR PEGO SERÁ O “LOBO” NA PRÓXIMA JOGADA.

O DIA E A NOITE

ALGUMAS CRIANÇAS GOSTAM MAIS DO DIA. OUTRAS GOSTAM MAIS DA NOITE.

ELENAMIV/SHUTTERSTOCK/GLOW IMAGES

TILLOTTAMA/SHUTTERSTOCK

- MARQUE COM UM **X** A IMAGEM DO PERÍODO DO DIA DE QUE VOCÊ MAIS GOSTA.

AMARELO

OBSERVE QUANTAS COISAS SÃO AMARELAS NA NATUREZA.

SERG64/SHUTTERSTOCK/GLOW IMAGES

VIKTAR MALYSHCHYTS/SHUTTERSTOCK/GLOW IMAGES

JOSE MARQUES LOPES/SHUTTERSTOCK/GLOW IMAGES

NATA-LIA/SHUTTERSTOCK/GLOW IMAGES

ANNA CHORNOGOR/SHUTTERSTOCK

PRETO PEROLA/SHUTTERSTOCK/GLOW IMAGES

* VOCÊ SE LEMBRA DE MAIS ALGUMA COISA COM A COR AMARELA? SE SIM, CONTE AOS COLEGAS.

O SOL E O GIRASSOL

* ACOMPANHE A LEITURA QUE SERÁ FEITA PELO PROFESSOR E, DEPOIS, REPITA O POEMA.

GIRASSÓIS
OLHAM PARA
O SOL
EM BUSCA DE LUZ.

GIRASSÓIS
ADORAM
O SOL
PORQUE ELE
OS SEDUZ.

ZUM-ZUM-ZUM E OUTRAS POESIAS, DE LALAU E LAURABEATRIZ. COMPANHIA DAS LETRINHAS, 2011.

TAVEESAK PANSANG/SHUTTERSTOCK

* COM UM GIZ DE CERA ▬, PINTE O GIRASSOL.

* COLE SEMENTES DE GIRASSOL PARA COMPLETAR A FLOR.

VALENTINA_G/SHUTTERSTOCK

AZUL

NA NATUREZA, MUITAS COISAS TÊM A COR AZUL.

SAKARIN SAWASDINAKA/SHUTTERSTOCK

VILOR/SHUTTERSTOCK

ELNUR/SHUTTERSTOCK

PRODUCTION PERIG/SHUTTERSTOCK

NAPAT/SHUTTERSTOCK

TOPNATTHAPON/SHUTTERSTOCK

* CONTORNE COM UM LÁPIS ▬▬ O QUE VOCÊ JÁ VIU.

O CÉU E O SOL

* DESENHE E PINTE O SOL NO CÉU AZUL.

O VENTO

"VENTO É AR EM MOVIMENTO..."

FONTE: **CLIMA, AS DESCOBERTAS COMEÇAM COM UMA PALAVRA.** COLEÇÃO PRIMEIRAS DESCOBERTAS. SÃO PAULO: CARAMELO, 2007.

- VAMOS COLAR NESTE ESPAÇO COISAS QUE DEMONSTREM QUE HÁ VENTO MOVENDO-AS.

PARA QUE LADO O VENTO SOPRA?

VOCÊ JÁ OUVIU FALAR DE UM OBJETO CONHECIDO COMO BIRUTA? SABE PARA QUE ELE SERVE?

- COM A AJUDA DE UM ADULTO, VAMOS CONSTRUIR UMA BIRUTA.

1 CORTE ALGUMAS TIRAS DE SACOLAS PLÁSTICAS E COLE-AS EM UMA TIRA DE CARTOLINA DE APROXIMADAMENTE 5 CENTÍMETROS.

2 RECORTE UM ANEL DA GARRAFA PET (DE CERCA DE 6 CENTÍMETROS) E COLE NELA A TIRA DE CARTOLINA COM AS TIRAS DE PLÁSTICO.

3 ESCOLHA UM LOCAL EM SUA CASA QUE RECEBA VENTO E PRENDA A BIRUTA COM PEDAÇOS DE BARBANTE.

AGORA É SÓ OBSERVAR A DIREÇÃO DO VENTO.

O VENTO E AS BANDEIRAS

* NAS IMAGENS A SEGUIR, CONTORNE A BANDEIRA QUE ESTÁ NO LUGAR ONDE O VENTO ESTÁ MAIS FORTE.

JIRI FLOGEL/SHUTTERSTOCK

SHUTTERSTOCK/GLOW IMAGES

O VENTO E OS BARCOS

* FAÇA UM **X** NO BARCO QUE PRECISA DE VENTO PARA NAVEGAR.

TOMTSYA/SHUTTERSTOCK

ANITA STIZZOLI/ISTOCK/GETTY IMAGES

DIA NUBLADO

* OUÇA ATENTAMENTE A ADIVINHA E TENTE DESCOBRIR A RESPOSTA.

QUANDO SOU BRANCA,
PAREÇO ALGODÃO.
SE FICO ESCURA,
CORRA QUE LÁ VEM CHUVA.
QUEM SOU EU?

ADIVINHAS E TRAVA-LÍNGUAS, DE LIBSA. SÃO PAULO: CARAMELO, 2009.

MATERIAL DE APOIO

* DESTAQUE, MONTE E COLE AS PEÇAS DA **PÁGINA 3** PARA COMPLETAR A FIGURA.

OLGATLT63/SHUTTERSTOCK

DIA DE CHUVA

* BRINQUE DE RECITAR A PARLENDA COM OS COLEGAS.

SOL E CHUVA
CASAMENTO DA VIÚVA.
CHUVA E SOL
CASAMENTO DO
ESPANHOL.

PARLENDA POPULAR.

* POR QUE VOCÊ ACHA QUE CHOVE?
* PINTE O GUARDA-CHUVA COM O MATERIAL QUE PREFERIR.

BARQUINHO DE PAPEL

ACOMPANHE A LEITURA DO PROFESSOR.

BARQUINHO DE PAPEL

ESTÁ CHOVENDO,
VOU COLOCAR
MEU BARQUINHO DE PAPEL
PRA ENXURRADA LEVAR.

MÚSICA NA PRÉ-ESCOLA, AMARELINHA 1, DE CELINA SANTANA. SÃO PAULO: PAULINAS, 1999.

- E VOCÊ, JÁ BRINCOU COM BARQUINHO DE PAPEL?

VAMOS DESENHAR?

* VAMOS TERMINAR DE DESENHAR O BARQUINHO ABAIXO? DEIXE-O BEM COLORIDO!

VERMELHO

NA NATUREZA, MUITAS COISAS TÊM A COR VERMELHA.

IRIN-K/SHUTTERSTOCK

ALEXLUKIN/SHUTTERSTOCK

TOPSELLER/SHUTTERSTOCK

TIM UR/SHUTTERSTOCK

MAKS NARODENKO/SHUTTERSTOCK

LIUDACOROLEWA/SHUTTERSTOCK

KOKHANCHIKOV/SHUTTERSTOCK

* CONTORNE COM UM LÁPIS O QUE VOCÊ JÁ VIU NA NATUREZA.

VAMOS BRINCAR?

ELEFANTINHO COLORIDO

* PINTE O ELEFANTE, DEIXANDO-O BEM COLORIDO!

COMO ESTÁ O TEMPO?

- CONTORNE DE A CENA EM QUE ESTÁ FAZENDO FRIO.
- CONTORNE DE A CENA EM QUE ESTÁ FAZENDO CALOR.

COM QUE ROUPA EU VOU?

* PINTE AS ROUPAS E OS OBJETOS QUE COSTUMAMOS USAR EM UM DIA QUENTE. DEIXE-OS BEM COLORIDOS!

UNIDADE 2

TEMPO EM FAMÍLIA

COMO TUDO COMEÇOU

UM POUCO DA MINHA HISTÓRIA

* PEÇA A UM ADULTO QUE COLE UMA FOTO SUA E PREENCHA OS DADOS DA FICHA.

O QUE É, O QUE É?
QUE É MEU,
MAS MEUS AMIGOS
USAM MAIS
DO QUE EU?

ADIVINHA POPULAR.

MEU NOME É: ______________________________

EU NASCI EM: ______________________________

NO DIA: ______________________________

HOJE TENHO: 

* CONTORNE ACIMA A QUANTIDADE DE DEDOS QUE CORRESPONDE A SUA IDADE.

LÁ EM CASA, TIQUE-TAQUE!

VOCÊ JÁ PAROU PARA PENSAR EM QUANTAS COISAS FAZEMOS EM UM DIA? OBSERVE A ROTINA DE BIA.

- E VOCÊ, O QUE FAZ EM UM DIA? CONTE AOS COLEGAS.

HORA DE ACORDAR. BOM DIA!

ACOMPANHE A LEITURA FEITA PELO PROFESSOR E, DEPOIS, TENTE RESPONDER À ADIVINHA.

A CAMA FICA BONITA
SE NELA ME ESTENDER.
DURANTE O INVERNO
SIRVO PARA AQUECER.
QUEM SOU EU?

ADIVINHAS E TRAVA-LÍNGUAS, DE LIBSA.
SÃO PAULO: CARAMELO, 2009.

* PINTE O COBERTOR DE IVO SEGUINDO OS NÚMEROS RELACIONADOS COM CADA COR.

1 2 3 4

SONS DA MANHÃ

IDENTIFIQUE OS SONS QUE IVO OUVE QUANDO ACORDA.

- QUAL É O SOM QUE VOCÊ COSTUMA OUVIR AO ACORDAR?

BEM LIMPINHO, BEM CUIDADO

MATERIAL DE APOIO

- DESTAQUE AS CENAS DA **PÁGINA 3**.
- COLE AS CENAS NA SEQUÊNCIA EM QUE VOCÊ COSTUMA FAZER SUA HIGIENE AO SE LEVANTAR DE MANHÃ.

- O QUE VOCÊ JÁ FAZ SEM PRECISAR DE AJUDA? MARQUE AS IMAGENS ACIMA COM UM **X**.

SUGESTÃO DE LIVRO

REPRODUÇÃO/EDITORA SALAMANDRA

BANHO É BOM!, DE HÉLIO ZISKIND E MARCELLO ARAUJO. SÃO PAULO: SALAMANDRA, 2003.

VAMOS AJUDAR!

OBSERVE AS IMAGENS A SEGUIR.

* CONTORNE AS FIGURAS QUE DEMONSTRAM BOAS PRÁTICAS DO DIA A DIA.

HORA DA ALIMENTAÇÃO

* FAÇA UM **X** NOS ALIMENTOS QUE VOCÊ COSTUMA COMER OU BEBER NO CAFÉ DA MANHÃ.

DENISNATA/SHUTTERSTOCK

SOMCHAI SOM/SHUTTERSTOCK

SARAS66/ISTOCK/GETTY IMAGES

AYARX OREN/SHUTTERSTOCK

BAIBAZ/SHUTTERSTOCK

IAN 2010/SHUTTERSTOCK

MÁRCIO GARCEZ/FOLHAPRESS

LUIZ ROCHA/SHUTTERSTOCK

* SE VOCÊ NÃO CONSOME NENHUM DESSES ALIMENTOS, DESENHE NO QUADRO O QUE COSTUMA TER EM SEU CAFÉ DA MANHÃ.

HORA DA BRINCADEIRA

OBSERVE AS IMAGENS ABAIXO.

- PINTE UM BRINQUEDO COM QUE VOCÊ COSTUMA BRINCAR.
- DESENHE NO QUADRO SEU BRINQUEDO PREFERIDO.

ANDAR DE BICICLETA

* TRACE O CAMINHO QUE BIA E O PAI DELA FAZEM QUANDO VÃO PASSEAR DE BICICLETA NO PARQUE.

SUGESTÃO DE CD

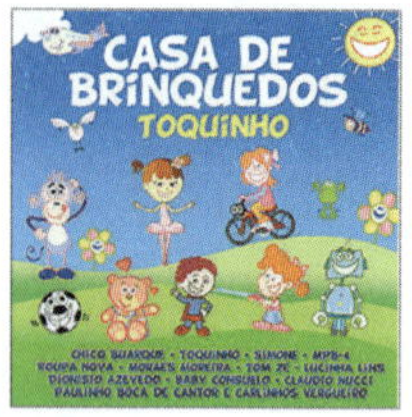

CASA DE BRINQUEDOS, DE TOQUINHO. UNIVERSAL, 1983. OUÇA A CANÇÃO “A BICICLETA”.

BRINCAR COM MONSTRO

MATERIAL DE APOIO

- DESTAQUE AS FIGURAS DA **PÁGINA 5** E MONTE OS MONSTRINHOS.
- COMPARE OS MONSTRINHOS QUE GUI E BIA DESENHARAM.

HORA DE ALMOÇAR

- RECITE A PARLENDA COM O PROFESSOR E OS COLEGAS.

UM, DOIS,
FEIJÃO COM ARROZ.
TRÊS, QUATRO,
FEIJÃO NO PRATO.
CINCO, SEIS,
FEIJÃO INGLÊS.
SETE, OITO,
COMER BISCOITO.
NOVE, DEZ,
COMER PASTÉIS.

PARLENDA POPULAR.

- PROCURE EM REVISTAS OU FOLHETOS DE SUPERMERCADOS SEUS ALIMENTOS PREFERIDOS E COLE-OS NO PRATO ACIMA.

ALIMENTAÇÃO SAUDÁVEL

MATERIAL DE APOIO

* DESTAQUE AS IMAGENS DA **PÁGINA 5**. COLE NO PRATO ABAIXO OS ALIMENTOS QUE SÃO NECESSÁRIOS PARA UMA BOA ALIMENTAÇÃO.

COMER, COMER,
COMER, COMER,
É O MELHOR PARA PODER CRESCER.

CANTIGA POPULAR.

TALHERES

* CONTORNE OS TALHERES QUE VOCÊ COSTUMA USAR NA HORA DE COMER.

HORA DO JOGO

BINGO DOS ALIMENTOS SAUDÁVEIS

MATERIAL DE APOIO

REGRAS

1. CONVIDE UM COLEGA PARA JOGAR.
2. DESTAQUE AS FICHAS DA **PÁGINA 7**.
3. JUNTE SUAS FICHAS COM AS DE SEU COLEGA E COLOQUEM CADA UMA DELAS COM A FIGURA VIRADA PARA BAIXO.
4. EM CADA JOGADA, AS FICHAS VÃO SENDO VIRADAS UMA A UMA E COLOCADAS NO LUGAR CORRESPONDENTE.
5. VENCE O JOGO QUEM PREENCHER OS QUADROS PRIMEIRO.

HORA DE JANTAR

MATERIAL DE APOIO

QUE BELA SOPA!

* DESTAQUE AS FIGURAS DA **PÁGINA 7** E COLE AS CENAS NA SEQUÊNCIA CORRETA.

1

2

3

O QUE VOCÊ FAZ?

* DESENHE O QUE VOCÊ COSTUMA FAZER DEPOIS DO JANTAR E ANTES DE DORMIR.

HORA DE DORMIR. BOA NOITE!

VOCÊ CONHECE AS “PALAVRINHAS MÁGICAS” DA BOA CONVIVÊNCIA?

* ACOMPANHE A LEITURA DO TEXTO PARA RECONHECER ALGUMAS DELAS.

PALAVRINHAS MÁGICAS

BOM-DIA, BOA-TARDE, BOA-NOITE
UM BEIJO, MÃE, UM BEIJO, PAI
BOM-DIA, BOA-TARDE, BOA-NOITE
VIVER ASSIM É BOM DEMAIS...

É DEZ (CD), DE ELIANA , SONY/BMG.

* PINTE O PIJAMA DE GUI DE ACORDO COM A LEGENDA:

CAMISA DO PIJAMA:

CALÇA DO PIJAMA:

SUGESTÃO DE LIVRO

COMO OS DINOSSAUROS DIZEM BOA NOITE?, DE JANE YOLEN E MARK TEAGUE. SÃO PAULO: GLOBO, 2001.

A CIDADE ONDE MORO

OBSERVE ESTAS FOTOS.

DELFIM MOREIRA/TYBA

BELO HORIZONTE, MINAS GERAIS.

ERNESTO REGHRAN/PULSAR IMAGENS

GUAÍRA, PARANÁ.

* CONTORNE A FOTO DA CIDADE QUE MAIS SE PARECE COM AQUELA EM QUE VOCÊ MORA.

ONDE MORO TEM...

OBSERVE AS FOTOS A SEGUIR.

VINICIUS TUPINAMBA/SHUTTERSTOCK

MAR

JESS KRAFT/SHUTTERSTOCK

RIO

DONATAS DABRAVOLSKAS/SHUTTERSTOCK

MONTANHA

PAULO NABAS/SHUTTERSTOCK

CACHOEIRA

DET-ANAN/SHUTTERSTOCK

PARQUE

ALEKSANDAR TODOROVIC/SHUTTERSTOCK

LAGO

* CONTORNE AS PAISAGENS QUE VOCÊ PODE VER NO LUGAR EM QUE MORA.

ONDE MORAM OS VIZINHOS?

GUI MORA EM UM PRÉDIO E TEM DOIS VIZINHOS: IVO E BIA.
GUI MORA NO ANDAR DO MEIO, ONDE HÁ BELAS FLOREIRAS. IVO MORA NO ANDAR DE CIMA E BIA MORA NO ANDAR DE BAIXO.

* CONTORNE DE ▬▬ AS JANELAS DO APARTAMENTO DE IVO.
* FAÇA UM **X** NAS JANELAS DO APARTAMENTO DE BIA.

ONDE TRABALHA A FAMÍLIA DE GUI?

EXISTEM MUITAS PROFISSÕES.
VEJA A PROFISSÃO DE ALGUNS FAMILIARES DE GUI.

PAI

AVÔ

MÃE

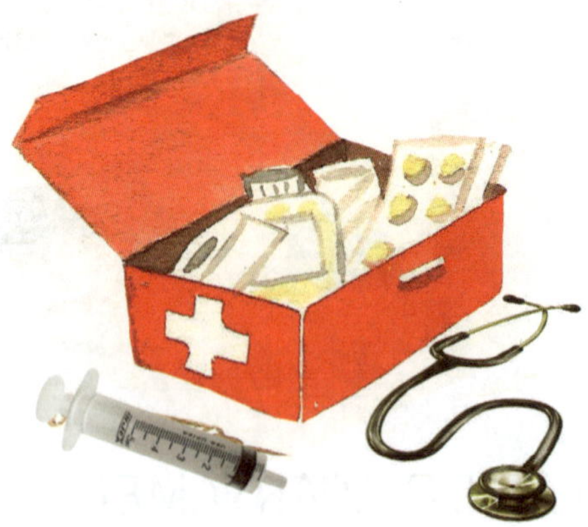

* LIGUE CADA PROFISSIONAL AOS OBJETOS QUE ELE UTILIZA EM SEU TRABALHO.

PARA LÁ, PARA CÁ

MATERIAL DE APOIO

* DESTAQUE AS IMAGENS DA **PÁGINA 9** E COLE APENAS OS MEIOS DE TRANSPORTE QUE SUA FAMÍLIA COSTUMA USAR PARA SE LOCOMOVER.

LÁ VOU EU

PODEMOS NOS LOCOMOVER DE VÁRIAS MANEIRAS. VEJA A CENA ABAIXO.

- CONTORNE OS MEIOS DE TRANSPORTE QUE SE LOCOMOVEM PELO AR.
- FAÇA UM **X** NOS MEIOS DE TRANSPORTE QUE SE LOCOMOVEM PELA ÁGUA.
- CONVERSE COM OS COLEGAS SOBRE OS CUIDADOS QUE SE DEVE TER AO UTILIZAR ESTES MEIOS DE TRANSPORTE: CARROS, ÔNIBUS, MOTOS, BICICLETAS.

UNIDADE 3
TEMPO NA NATUREZA

NASCER, CRESCER E TORNAR-SE ADULTO

MATERIAL DE APOIO

- DESTAQUE AS IMAGENS DA **PÁGINA 11** E COLE-AS NA SEQUÊNCIA CORRETA PARA MOSTRAR A EVOLUÇÃO DOS SERES VIVOS, DO NASCIMENTO ATÉ A IDADE ADULTA.

TIM BELYK/SHUTTERSTOCK

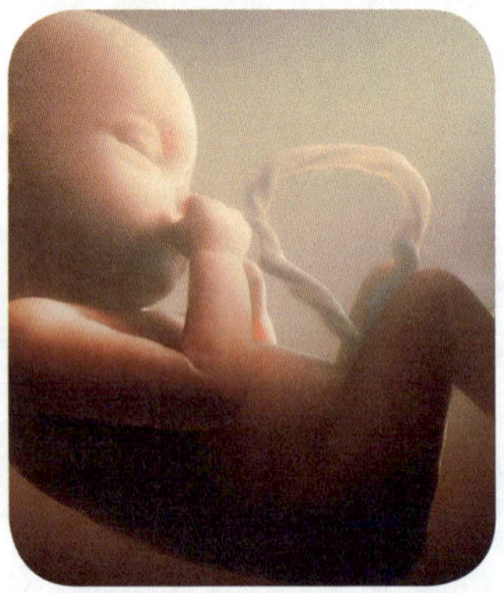

THIERRY BERROD, MONA LISA PRODUCTION/SPL/LATINSTOCK

IXMASTER/SHUTTERSTOCK

FILHOS E FILHOTES

O QUE VOCÊ VÊ NESTAS IMAGENS?

ENMYO/SHUTTERSTOCK

KRIS WIKTOR/SHUTTERSTOCK

ANEKOHO/SHUTTERSTOCK

RITA KOCHMARJOVA/SHUTTERSTOCK

- SERÁ QUE TODOS ESSES FILHOTES FICARAM NA BARRIGA DA MÃE ANTES DE NASCER?
- VOCÊ ACHA QUE ELES FICARAM MAIS TEMPO OU MENOS TEMPO DO QUE VOCÊ FICOU NA BARRIGA DE SUA MÃE?

HORA DA CURIOSIDADE

MATERIAL DE APOIO

* DESTAQUE AS PEÇAS DA **PÁGINA 13**, MONTE O QUEBRA-CABEÇA E CONHEÇA OUTROS MAMÍFEROS.

COMO NASCEM ALGUNS ANIMAIS

- VOCÊ CONHECE ESTES ANIMAIS? SABE COMO ELES NASCEM?

CATHY KEIFER/SHUTTERSTOCK

MAMIN INAN/ISTOCK/GETTY IMAGES

WESTUDIO/SHUTTERSTOCK

- CANTE A CANÇÃO A SEGUIR COM O PROFESSOR E OS COLEGAS.

BICHINHO

SE UM BICHINHO NASCEU,
JÁ HAVIA OUTRO BICHO MAIOR.
SE ESSE BICHINHO CRESCEU,
LOGO VEM UM MENOR.

CARNAVAL – PALAVRA CANTADA (CD), DE SANDRA PERES E PAULO TATIT, MCD, 2007.

DE QUEM É O OVO?

VOCÊ JÁ VIU AVES COMO ESTAS? SABE O NOME DELAS?

* LIGUE OS OVOS ÀS AVES.

ECOPRINT/SHUTTERSTOCK

INGRID MAASIK/SHUTTERSTOCK

ENLIGHTENED MEDIA/SHUTTERSTOCK

GOLDENJACK/SHUTTERSTOCK

* ACOMPANHE A LEITURA DO POEMA.

GAIVOTA

GAIVOTA
VIVE LÁ NO CÉU.
GAIVOTA VAI,
GAIVOTA VOLTA,
GAIVOTA VAI,
GAIVOTA VOLTA.
E OS OVOS?
QUANDO É QUE
A GAIVOTA
BOTA?

ZUM-ZUM-ZUM, DE LALAU E LAURABEATRIZ.
SÃO PAULO: COMPANHIA DAS LETRINHAS, 2007.

ANIMAIS QUE VOAM

SABIÁ LÁ NA GAIOLA

SABIÁ LÁ NA GAIOLA
FEZ UM BURAQUINHO...
VOOU, VOOU, VOOU, VOOU
E A MENINA QUE GOSTAVA
TANTO DO BICHINHO...
CHOROU, CHOROU, CHOROU, CHOROU

CANTIGA POPULAR.

MATERIAL DE APOIO

- DESTAQUE AS PEÇAS DA **PÁGINA 13**, COLE-AS ABAIXO E CONTORNE O PÁSSARO DA CANÇÃO.

QUEM SÃO ELES?

* DESCUBRA OUTROS ANIMAIS QUE VOAM E CONTORNE-OS.

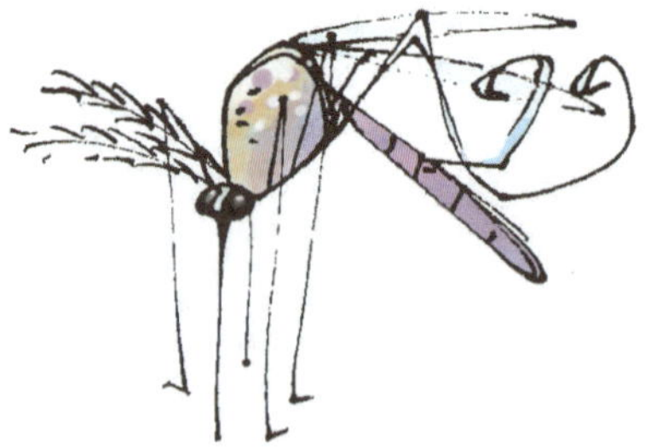

ANIMAIS, ANIMAIS E MAIS ANIMAIS...

* OBSERVE AS IMAGENS A SEGUIR E CONTORNE OS ANIMAIS DOMÉSTICOS.

SANDRA HUBER/SHUTTERSTOCK

GLOBALIP/ISTOCK/GETTY IMAGES

YELLOWSARAH/ISTOCK/GETTY IMAGES

CREATIVEYE99/ISTOCK/GETTY IMAGES

LILIYA KULIANIONAK/SHUTTERSTOCK

GLOBALIP/ISTOCK/GETTY IMAGES

ERIC ISSELEE/SHUTTERSTOCK

ANIMAIS DOMÉSTICOS

* COLE A IMAGEM DE UM ANIMAL DOMÉSTICO QUE VOCÊ TEM OU GOSTARIA DE TER. PODE SER UMA FOTO OU UM RECORTE DE REVISTA.

O QUE VOCÊ ACHA QUE ACONTECEU?

VOCÊ CONHECE ESTES PERSONAGENS?

* POR QUE VOCÊ ACHA QUE A MÃE DO CEBOLINHA ESTÁ BRAVA COM ELE?

SOUSA, MAURICIO DE. **DE QUEM É ESSE COELHO?** PORTO ALEGRE: L&PM, 2012. P. 72.

* PINTE O DESENHO. DEIXE A TARTARUGA BEM COLORIDA!

HORA DA CURIOSIDADE

MATERIAL DE APOIO

- DESTAQUE AS PEÇAS DA **PÁGINA 15**. DEPOIS, MONTE O QUEBRA-CABEÇA E DESCUBRA OUTROS ANIMAIS MUITO LENTOS.
- CONTORNE OS BICHOS QUE VOCÊ JÁ CONHECE.

PELOS OU PENAS?

OBSERVE ESTES ANIMAIS.

KUTTELVASEROVA STUCHELOVA/SHUTTERSTOCK

PANBAZIL/SHUTTERSTOCK

GATO

PATO

- EM QUE ELES SÃO DIFERENTES?
- AGORA, EM UMA FOLHA DE PAPEL SULFITE, DESENHE ANIMAIS PARECIDOS COM O GATO E COM O PATO.

ONDE VIVEM OS ANIMAIS

MATERIAL DE APOIO

- DESTAQUE AS IMAGENS DA **PÁGINA 15** E COLE-AS NOS ESPAÇOS EM BRANCO PARA COMPLETAR OS ANIMAIS.

TUTHELENS/SHUTTERSTOCK

ARARA-VERMELHA

THOMAS BARRAT/SHUTTERSTOCK

URSO-POLAR

JOHN MICHAEL EVAN POTTER/SHUTTERSTOCK

ELEFANTE

- COM QUE LETRA SE INICIA O NOME DE CADA UM DESSES ANIMAIS?
- QUEM DE VOCÊS TEM UMA DESSAS LETRAS NO NOME?

A FORMIGA

* DESENHE MAIS FORMIGAS E PINTE O FORMIGUEIRO.

PRA FAZER A SUA CASA
A FORMIGA CAVA FUNDO.
FAZ TÚNEL PRA TODO LADO
PRA QUE MORE TODO MUNDO.

CASINHA DE BICHOS, DE HARDY GUEDES ALCOFORADO FILHO.
SÃO PAULO: SCIPIONE, 1997. (COLEÇÃO DO-RÉ-MI-FÁ).

O QUE CADA FORMIGA FAZ NO FORMIGUEIRO?

- O QUE VOCÊ ACHA QUE ESSA FORMIGA PODE LEVAR PARA O FORMIGUEIRO? DESENHE.

VOCÊ ME CONHECE?

VOCÊ CONHECE ESTE ANIMAL?

LUCIANO QUEIROZ/SHUTTERSTOCK

* DESENHE NO QUADRO O ALIMENTO QUE ELE GOSTA DE COMER.

UM PASSEIO NO ZOOLÓGICO

MATERIAL DE APOIO

BIA FOI AO ZOOLÓGICO.

* DESTAQUE AS IMAGENS DA **PÁGINA 17** E COLE CADA PARTE PARA FORMAR A FOTO QUE BIA TIROU DA JAULA DO LEÃO.

* QUAL DOS ANIMAIS ABAIXO TAMBÉM APARECE NA FOTO QUE A MENINA TIROU? MARQUE COM UM **X**.

ERIC ISSELEE/SHUTTERSTOCK

ERIC ISSELEE/SHUTTERSTOCK

SMILEUS/ISTOCK/GETTY IMAGES

HUM... EU GOSTO DISSO!

O QUE CADA ANIMAL GOSTA DE COMER?

* LIGUE CADA ANIMAL AO RESPECTIVO ALIMENTO.

PANU RUANGJAN/SHUTTERSTOCK

PROCHASSON FREDERIC/SHUTTERSTOCK

AKSENOVA NATALYA/SHUTTERSTOCK

MAKS NARODENKO/SHUTTERSTOCK

D. KUCHARSKI K. KUCHARSKA/SHUTTERSTOCK

IRIN-K/SHUTTERSTOCK

ANIMAL PREFERIDO

QUAL É O ANIMAL DE QUE VOCÊ MAIS GOSTA?

* FAÇA UM DESENHO DELE COM SEU FILHOTE.

UNIDADE 4

TEMPO DE ESCOLA

HORA DE IR PARA A ESCOLA

MUITAS CRIANÇAS VÊM À ESCOLA DE MANHÃ, BEM CEDINHO. OUTRAS VÊM À TARDE.

* E VOCÊ, QUANDO VEM PARA A ESCOLA?
* CONTORNE DE ▬▬ O MODO COMO VOCÊ VEM À ESCOLA.

A PÉ

DE ÔNIBUS

DE CARRO

DE BICICLETA

DE BARCO

DE TRANSPORTE ESCOLAR

IR À ESCOLA COM OS COLEGAS

VEJA O ÔNIBUS ESCOLAR QUE COSTUMA LEVAR GUI E ALGUNS DE SEUS AMIGOS PARA A ESCOLA.

MOTORISTA, MOTORISTA
OLHA O POSTE, OLHA O POSTE
NÃO É DE BORRACHA,
NÃO É DE BORRACHA
VAI BATER, VAI BATER.

CANTIGA POPULAR.

SUGESTÃO DE CD

REPRODUÇÃO/SOM LIVRE

GALINHA PINTADINHA 2, SOM LIVRE, 2010. OUÇA A CANÇÃO "MEU LANCHINHO".

- ONDE ESTÁ GUI? MARQUE COM UM **X**.
- QUANTAS PESSOAS ESTÃO NO ÔNIBUS?

CUIDADOS NO TRÂNSITO

NA CENA A SEGUIR, QUAL DAS DUAS SITUAÇÕES APRESENTA UMA ATITUDE CORRETA NO TRÂNSITO?

* CONVERSE COM SEUS AMIGOS E, DEPOIS, CONTORNE A SITUAÇÃO QUE CONSIDERAR CORRETA.

SEMÁFOROS E SINAIS DE TRÂNSITO

VEJA OS SINAIS DE TRÂNSITO E CONVERSE COM OS COLEGAS SOBRE CADA UM DELES.

LUIS SANTOS/SHUTTERSTOCK

REPRODUÇÃO/DNIT

REPRODUÇÃO/ARQUIVO DA EDITORA

REPRODUÇÃO/ARQUIVO DA EDITORA

REPRODUÇÃO/ARQUIVO DA EDITORA

* QUAL(IS) DELES VOCÊ JÁ CONHECIA? CONTORNE-O(S).

QUEM TRABALHA NA ESCOLA?

VOCÊ SABE QUEM SÃO AS PESSOAS QUE TRABALHAM NA ESCOLA? QUAL É A PROFISSÃO DELAS?

* CONTORNE A CENA QUE MOSTRA A PROFESSORA NA SALA DE AULA.

AGORA QUE VOCÊ JÁ CONHECE AS PESSOAS QUE TRABALHAM NA ESCOLA, MÃOS À OBRA!

- DESENHE O PROFISSIONAL QUE VOCÊ MAIS GOSTOU DE CONHECER.

- CONTE PARA SEUS COLEGAS QUEM É ESSE PROFISSIONAL E O QUE ELE FAZ NA ESCOLA.

ESCOLA: LOCAL DE FAZER AMIGOS

- TERMINE DE PINTAR A CENA. DEIXE O DESENHO BEM COLORIDO.

- NA IMAGEM HÁ MAIS MENINOS OU MENINAS?
- QUANTAS CRIANÇAS ESTÃO BRINCANDO DE RODA?

DIA DO BRINQUEDO

COMPARTILHAR NOSSOS BRINQUEDOS COM OS AMIGOS É MUITO BOM!

* QUAL É O BRINQUEDO QUE VOCÊ GOSTA DE LEVAR PARA A ESCOLA? DESENHE-O ABAIXO.

NA ESCOLA

FAZEMOS MUITAS COISAS INTERESSANTES NA ESCOLA.

* CONTORNE COM GIZ DE CERA ▬▬ A ATIVIDADE QUE VOCÊ MAIS GOSTA DE FAZER NA ESCOLA.

NA MINHA ESCOLA TEM...

MATERIAL DE APOIO

- DESTAQUE AS CENAS DA **PÁGINA19** E COLE O QUE EXISTE NA SUA ESCOLA.

- MARQUE COM UM **X** O QUE HÁ NA SUA ESCOLA.
- CONTE AOS COLEGAS QUAL O LUGAR DA ESCOLA DE QUE VOCÊ MAIS GOSTA.

A HORTA

NA ESCOLA DE CLARA HÁ UMA HORTA.
VEJA SE VOCÊ CONHECE ALGUNS DOS ALIMENTOS QUE SÃO CULTIVADOS NELA.

* QUAL(IS) DESSES ALIMENTOS VOCÊ JÁ EXPERIMENTOU? CONTORNE-O(S).

MATERIAL DE APOIO

* DESTAQUE AS VERDURAS E OS LEGUMES DA **PÁGINA 21** E COLE-OS NO LOCAL ADEQUADO.

VERDURAS	LEGUMES

UMA VISITA AO POMAR

NESTE FIM DE SEMANA, BIA CONHECEU UM POMAR.

IMAGES72/SHUTTERSTOCK

* USE RECORTES DE REVISTAS E MONTE UM POMAR NO ESPAÇO ABAIXO.

QUE DELÍCIA!

TOPSELLER/SHUTTERSTOCK

MO_SES PREMIUM/SHUTTERSTOCK

VINICIUS RAMALHTUPINAMBA/ ISTOCK/GETTY IMAGES

* DESENHE A FRUTA DE QUE VOCÊ MAIS GOSTA.

É HORA DO LANCHE!

CUIDAR DE NOSSA HIGIENE PESSOAL É MUITO IMPORTANTE.
O QUE DEVEMOS FAZER ANTES DE COMER O LANCHE? E DEPOIS?

ANTES

DEPOIS

SUGESTÃO DE CD

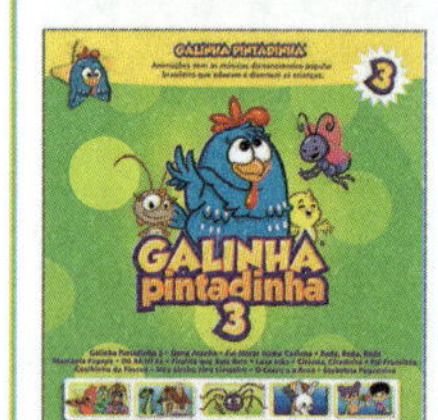

GALINHA PINTADINHA 3, SOM LIVRE, 2012. CANTE COM A CLASSE A CANÇÃO “LAVA A MÃO”.

MATERIAL DE APOIO

- DESTAQUE AS IMAGENS DA **PÁGINA 21** E COLE CADA UMA DELAS NO LUGAR ADEQUADO.

EU GOSTO DE COMER!

NA HORA DO LANCHE MEU ALIMENTO PREFERIDO É...

* DESENHE SEU ALIMENTO PREFERIDO.

DEPOIS DO LANCHE... LIXO É NA LIXEIRA!

NA ESCOLA DE GUI HÁ VÁRIAS LIXEIRAS DE RECICLAGEM. AJUDE CLARA, BIA E IVO A COLOCAR O LIXO NA LIXEIRA CERTA.

* LIGUE CADA CRIANÇA À LIXEIRA ADEQUADA.

ALEGRE OU TRISTE?

* DESENHE A CARINHA ALEGRE OU A CARINHA TRISTE EM CADA CENA ABAIXO.

SUGESTÃO DE DVD

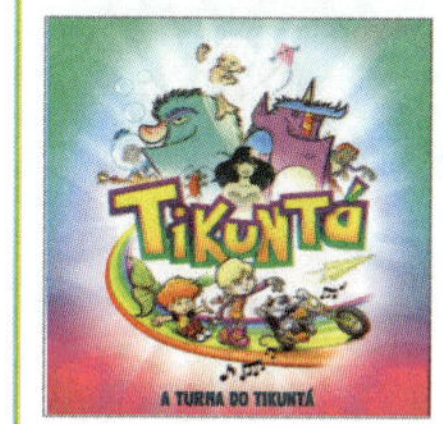

REPRODUÇÃO/DECKDISC

A TURMA DO TIKUNTÁ, DO GRUPO TIKUNTÁ. DECKDISC, 2014. OUÇA A CANÇÃO "NUM MONTE DE LIXO".

LUGAR DE LIXO É NA LIXEIRA!

* AGORA CONVERSE COM OS COLEGAS SOBRE O PORQUÊ DE SUAS ESCOLHAS.

HORA DE DESCANSAR

DEPOIS DO LANCHE, CADA COLEGUINHA DO GUI FAZ UMA COISA DIFERENTE. VEJA A SEGUIR.

* QUAL DAS ATIVIDADES ACIMA VOCÊ GOSTA DE FAZER PARA RELAXAR? CONTORNE-A OU, CASO NÃO SEJA NENHUMA DELAS, DESENHE-A.

HORA DE VOLTAR PARA CASA

QUEM VEM ME BUSCAR?

* DESENHE COMO VOCÊ COSTUMA VOLTAR PARA CASA DEPOIS DA AULA (A PÉ, DE ÔNIBUS, DE CARRO).

MATERIAL DE APOIO

REGRAS

1. CONVIDE UM AMIGO PARA JOGAR COM VOCÊ.
2. COMBINE QUEM VAI COMEÇAR O JOGO.
3. DESTAQUE AS PEÇAS DO DOMINÓ DA **PÁGINA 23**.
4. EMBARALHE AS PEÇAS E DEPOIS AS DISTRIBUA IGUALMENTE ENTRE OS DOIS JOGADORES.
5. UM COMEÇA E O OUTRO COLOCA UMA PEÇA COM A MESMA FIGURA EM UM DOS LADOS DA PEÇA COLOCADA.
6. QUANDO UM JOGADOR NÃO TEM A FIGURA QUE PRECISA SER COLOCADA PARA CONTINUAR O JOGO, DEVE PASSAR SUA VEZ.
7. GANHA O JOGADOR QUE USAR TODAS AS SUAS PEÇAS PRIMEIRO.

MATERIAL DE APOIO

DIA NUBLADO

FIGURAS PARA A ATIVIDADE DA **PÁGINA 23** DO LIVRO.

OLGATLT63/SHUTTERSTOCK

BEM LIMPINHO, BEM CUIDADO

FIGURAS PARA A ATIVIDADE DA **PÁGINA 36** DO LIVRO.

BRINCAR COM MONSTRO

FIGURAS PARA A ATIVIDADE DA **PÁGINA 41** DO LIVRO.

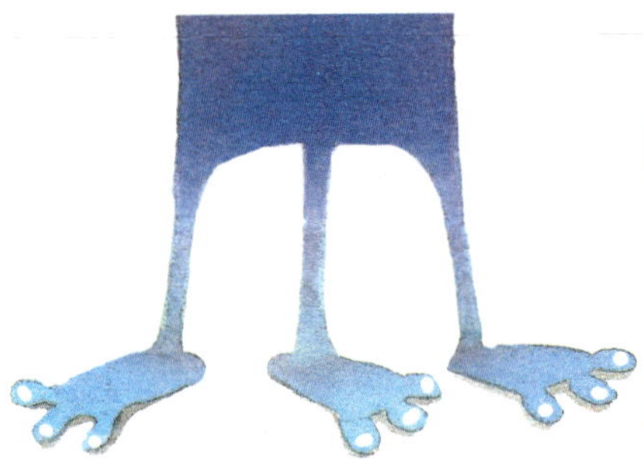

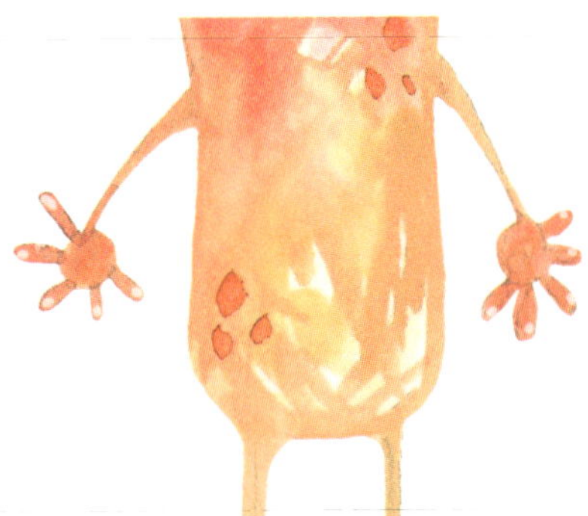

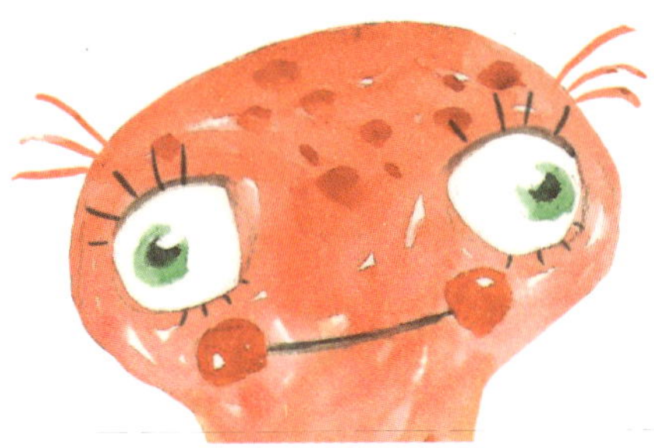

ALIMENTAÇÃO SAUDÁVEL

FIGURAS PARA A ATIVIDADE DA **PÁGINA 43** DO LIVRO.

STEVE CUKROV/SHUTTERSTOCK

IFONG/SHUTTERSTOCK

NIPAPORN PANYACHAROEN/ SHUTTERSTOCK

TIM UR/SHUTTERSTOCK

RUTH BLACK/SHUTTERSTOCK

PHLOEN/SHUTTERSTOCK

LUKAS GOJDA/ SHUTTERSTOCK

RVLSOFT/SHUTTERSTOCK

AMPFOTOSTUDIO/ SHUTTERSTOCK

VALERY121283/SHUTTERSTOCK

TWINSTERPHOTO/SHUTTERSTOCK

RUTH BLACK/SHUTTERSTOCK

HORA DO JOGO - BINGO DOS ALIMENTOS SAUDÁVEIS

FIGURAS PARA A ATIVIDADE DA **PÁGINA 45** DO LIVRO.

HORA DE JANTAR

FIGURAS PARA A ATIVIDADE DA **PÁGINA 46** DO LIVRO.

PARA LÁ, PARA CÁ

FIGURAS PARA A ATIVIDADE DA **PÁGINA 53** DO LIVRO.

CHRISTOPHE TESTI/SHUTTERSTOCK

REMIK44992/SHUTTERSTOCK

STEFAN GLEBOWSKI/SHUTTERSTOCK

CIFOTART/SHUTTERSTOCK

ERIC ISSELEE/SHUTTERSTOCK

KLETR/SHUTTERSTOCK

CARDINAL ARROWS/SHUTTERSTOCK

VERESHCHAGIN DMITRY/ SHUTTERSTOCK

RAWPIXEL/SHUTTERSTOCK

NASCER, CRESCER E TORNAR-SE ADULTO

FIGURAS PARA A ATIVIDADE DA **PÁGINA 56** DO LIVRO.

EWAIS/SHUTTERSTOCK

JAIMIE DUPLASS/SHUTTERSTOCK

CRISTOVAO/SHUTTERSTOCK

ANNEKA/SHUTTERSTOCK

TTSTUDIO/SHUTTERSTOCK

PCHT/SHUTTERSTOCK

FILIPE B. VARELA/SHUTTERSTOCK

AMENIC181/SHUTTERSTOCK

BENDZHIK/SHUTTERSTOCK

HORA DA CURIOSIDADE

FIGURAS PARA A ATIVIDADE DA **PÁGINA 58** DO LIVRO.

MORCEGO: IVAN KUZMIN/SHUTTERSTOCK; PORCO: ALEXANDER RATHS/SHUTTERSTOCK; OVELHA: RANDY RIMLAND/SHUTTERSTOCK; CAVALO: SMEREKA/SHUTTERSTOCK; GATO: SHVAYGERT EKATERINA/SHUTTERSTOCK; VACA: PROCHASSON FREDERIC/SHUTTERSTOCK; ELEFANTE: DONOVAN VAN STADEN/SHUTTERSTOCK; CACHORRO: AMMIT JACK/SHUTTERSTOCK; BALEIA: SEB C'EST BIEN/SHUTTERSTOCK.

ANIMAIS QUE VOAM

FIGURAS PARA A ATIVIDADE DA **PÁGINA 61** DO LIVRO.

BEIJA-FLOR: ROSALIE KREULEN/SHUTTERSTOCK; SABIÁ-LARANJEIRA: RENATO GRIMM/OPÇÃO BRASIL IMAGENS; PERIQUITO-AUSTRALIANO: XPIXEL/SHUTTERSTOCK; CANÁRIO-DA-TERRA-VERDADEIRO: ARTUR KEUNECKE/PULSAR IMAGENS; PICA-PAU-REI: PANDA3800/SHUTTERSTOCK.

HORA DA CURIOSIDADE

FIGURAS PARA A ATIVIDADE DA **PÁGINA 66** DO LIVRO.

ONDE VIVEM OS ANIMAIS?

FIGURAS PARA A ATIVIDADE DA **PÁGINA 68** DO LIVRO.

TUTHELENS/SHUTTERSTOCK

THOMAS BARRAT/SHUTTERSTOCK

JOHN MICHAEL EVAN POTTER/SHUTTERSTOCK

UM PASSEIO NO ZOOLÓGICO

FIGURAS PARA A ATIVIDADE DA **PÁGINA 72** DO LIVRO.

NA MINHA ESCOLA TEM...

FIGURAS PARA A ATIVIDADE DA **PÁGINA 85** DO LIVRO.

HORA DA CURIOSIDADE

FIGURAS PARA A ATIVIDADE DA **PÁGINA 87** DO LIVRO.

BERGAMONT/SHUTTERSTOCK

LOTUS IMAGES/SHUTTERSTOCK

BINH THANH BUI/SHUTTERSTOCK

MACEOFOTO/SHUTTERSTOCK

JIANG HONGYAN/SHUTTERSTOCK

YOSHI0511/SHUTTERSTOCK

É HORA DO LANCHE!

FIGURAS PARA A ATIVIDADE DA **PÁGINA 90** DO LIVRO.

HORA DO JOGO - ROTINA DO GUI

FIGURAS PARA A ATIVIDADE DA **PÁGINA 96** DO LIVRO.